JN423028

"절대, 절대, 절대 이 아름다운 땅에서 서로가 서로를 억압하는 일은 두 번 다시 없어야 할 것입니다……."

넬슨 만델라

: 자유를 향한 머나먼 길

지원과 조언을 아끼지 않은 넬슨 만델라 재단에 감사드립니다.

NELSON MANDELA: LONG WALK TO FREEDOM

Text abridged by Chris Van Wyk, Illustrations by Paddy Bouma

Abridged from the book LONG WALK TO FREEDOM by Nelson Mandela

Copyright © Nelson Rolihlahla Mandela, 1994

This abridgement and illustrations copyright © Macmillan, 2009

Photograph of Nelson Mandela and his great-grandson Ziyanda by Debbie Yazbek © Nelson Mandela Foundation 2009

Image on 6 courtesy of Tom Stoddart Archive, Getty Images.

All rights reserved.

Korean translation copyright © Dourei Publication Co., 2013

Korean translation rights arranged with MACMILLAN CHILDREN'S BOOKS, LONDON through EYA(Eric Yang Agency).

이 책의 한국어판 저작권은 EYA(Eric Yang Agency)를 통해 MACMILLAN CHILDREN'S BOOKS와 독점 계약한 도서출판 두레가 갖고 있습니다. 저작권법에 의하여 한국 내에서 보호를 받는 저작물이므로 무단 전재와 무단 복제를 할 수 없습니다.

두레아이들 인물 읽기 4

넬슨 만델라

자유를 향한 머나먼 길

넬슨 만델라 지음
크리스 반 위크 축약
패디 보머 그림
강미경 옮김

두레아이들

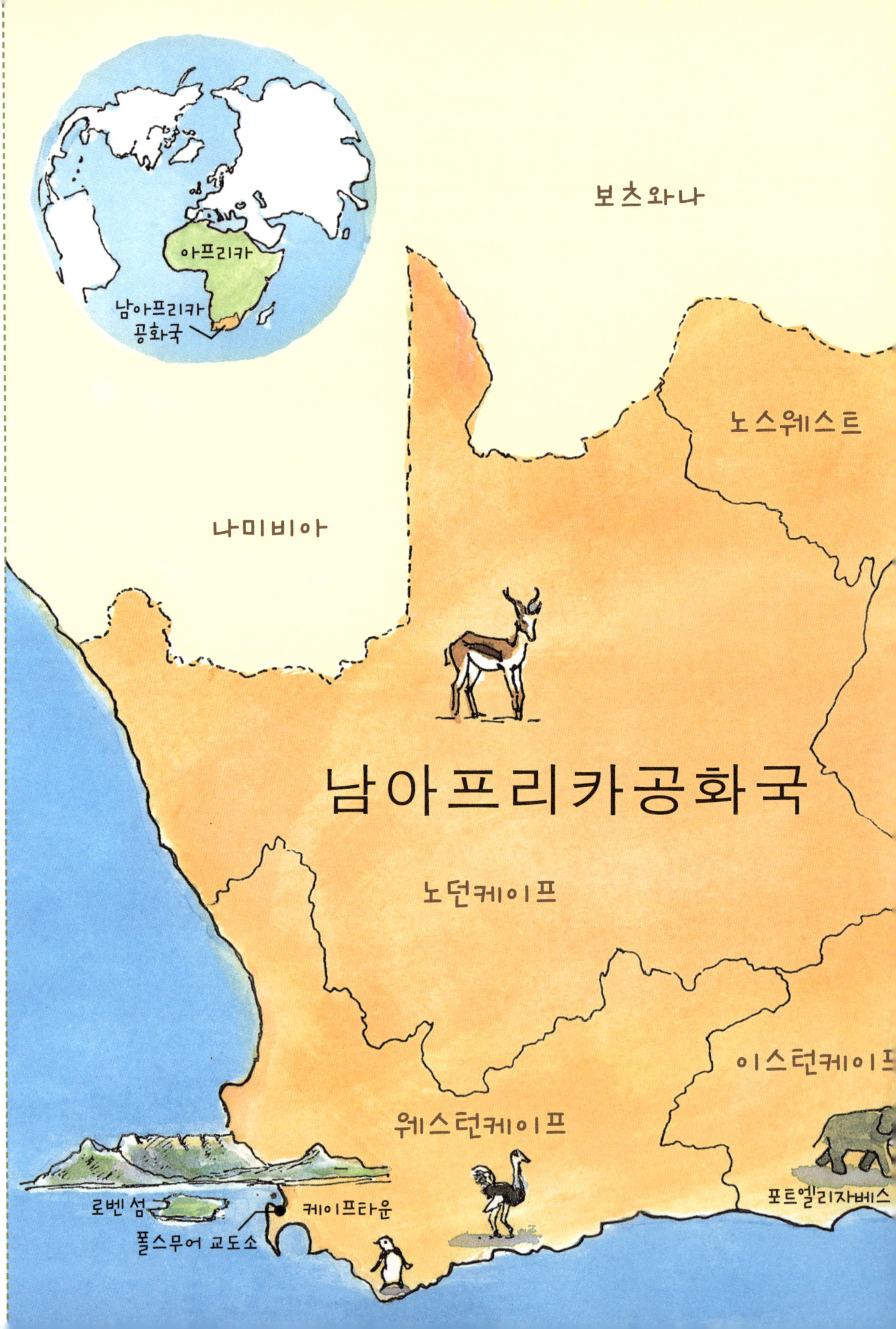
아프리카
남아프리카
공화국
보츠와나
노스웨스트
나미비아
남아프리카공화국
노던케이프
이스턴케이프
웨스턴케이프
로벤 섬
케이프타운
폴스무어 교도소
포트엘리자베스

모잠비크
림포포
프리토리아
요하네스버그
소웨토
알렉산드라
가우텡
음푸말랑가
스와질란드
자유주
콰줄루나탈
블룸폰테인
레소토
호윅
더반
움타타
클라크베리 학교
쿠누
포트 보퍼트
음케케즈웨니
음베조
포트헤어 대학교
힐드타운 대학
이스트런던

내 이름은 넬슨 만델라입니다. 나는 아프리카 남부 끝자락에 있는 아름다운 나라 남아프리카공화국에서 살고 있습니다. 오늘날 남아프리카공화국은 민주주의 국가입니다. 그 말은 곧 성인이면 누구나 나라를 이끌어 갈 사람을 스스로 고를 수 있는 투표권을 갖는다는 뜻입니다.

하지만 늘 그랬던 것은 아닙니다. 오랫동안 남아프리카공화국은 백인들만 다스릴 수 있었습니다. 나이를 먹으면서 많은 것을 보고 배우고, 많은 사람들을 만나면서 나는 이것이 옳지 않다는 데 눈을 뜨기 시작했습니다. 나는 모두가 자기 생각을 자유롭게 표현할 수 있고, 피부색에 상관없이 나라를 이끌어 가는 데 참여할 수 있도록 남아프리카공화국을 바꾸고 싶었습니다. 내 친구들과 나는 그 일을 '자유를 위한 싸움'이라고 불렀습니다. 그 싸움은 아주 오랜 기간 이어졌고, 나는 많은 투사들 가운데 한 명이었습니다. 이것은 나의 이야기이자 남아프리카공화국의 이야기입니다…….

옛날 옛날 아주 먼 옛날, 유럽의 백인들이 바다를 건너 남아프리카에 도착했습니다. 주로 농업과 목축을 하던 이들은 그 수가 점차 늘어나면서 땅을 놓고 자기들끼리 싸우기 시작했습니다. 그러더니 결국 원주민의 토지를 빼앗기 위해 코사 족, 줄루 족, 츠와나 족처럼 오래전부터 그곳에서 살고 있던 부족들과도 싸움을 벌였습니다.

그로부터 몇 백 년 뒤인 1918년 7월 18일, 나는 이스턴 케이프의 아름답고 작은 마을 음베조에서 태어났습니다. 그 해에는 1차 세계대전이 끝나고, 스페인 독감이 유행해 세계적으로 많은 사람들이 죽기도 했습니다. 하지만 음베조는 수백 년 동안 삶의 형태가 변하지 않은 외진 지역으로, 세계적인 대사건으로부터 동떨어진 마을이었어요.

태어날 때부터 나는 코사 족을 이루는 수많은 부족 가운데 하나인 템부 족의 일원이었습니다. 나의 아버지 가들라 헨리 음파카니스와는 우리 부족의 지도자, 곧 템부 족의 추장이었지요. 아버지는 내게 롤리흘라흘라라는 이름을 지어 주었습니다. 코사 족 말로 '나뭇가지를 잡아당기다'라는 뜻이지만, 일상적으로는 '말썽꾸러기'라는 뜻으로 쓰였어요. 아버지는 내가 이다음에 커서 말썽꾸러기가 될 것이라고 예견하셨던 걸까요? 이름이 운명을 좌우하는 걸까요? 훗날 사람들은 내가 겪은 많은 시련들을 내 이름 탓으로 돌리곤 했지만 난 그렇게 생각하지 않습니다. 내 앞길에 무엇이 놓여 있는지는 아무도 몰랐으니까요.

아버지는 평소에 추장으로서 부족의 문제는 영국 왕의 법이 아니라 템부의 전통에 따라 처리했습니다. 하지만 내가 태어난 지 얼마 지나지 않은 어느 날, 아버지는 치안 판사의 명령에 따르지 않았다는 이유로 추장 지위를 빼앗겼습니다. 백인들에게 수령으로 알려진 추장은 템부 왕의 신하일 뿐만 아니라 치안 판사에게도 복종해야 했는데, 아버지가 이를 거부했기 때문입니다. 아버지의 '반항 행위'에 대한 보복은 이에 그치지 않았어요. 아버지는 그때 많은 재산과 지위도 모두 잃었지요. 가축과 땅을 빼앗기는 바람에 그것으로 벌어들였던 수입도 사라졌습니다.

결국 가족의 생계가 어려워지자 우리 가족은 어머니의 가족과 친구들이 있는 쿠누로 이사했습니다. 그곳에서 나는 가족의 양과 염소를 돌보기 시작했습니다. 그때 내 나이는 다섯 살이었어요. 쿠누에서의 생활은 초라했지만 내가 제일 먼저 기억을 더듬을 수 있는 행복했던 시절이기도 했습니다.

나는 친구들과 강에서 멱을 감고, 벌집에서 꿀을 훔치고, 코사 족 남자아이들이 제일 좋아하는 막대기 싸움도 하며 놀았습니다. 이 시절부터 나는 드넓은 초원에서 자연이 지닌 단순하고 선명한 아름다움을 사랑하게 되었지요.

쿠누 마을은 양옆으로 맑은 물이 흐르며 풀이 많고 좁다란 계곡에 자리 잡고 있었습니다. 푸른 언덕에 올라서면 몇백 명이 오두막집에 옹기종기 모여 사는 마을이 한눈에 내려다보였어요. 오두막은 벌집 모양의 흙담 구조로 되어 있었고, 중앙에는 나무 기둥이 풀로 만든 지붕을 떠받치고 있었어요. 바닥은 곱게 빻은 흙으로 지면보다 조금 높도록 땅을 돋우었는데, 때때로 소똥으로 문질러 매끄럽게 만들었어요. 화덕에서 나오는 연기는 지붕을 통해 나갔지요. 그리고 사람들이 지나다닐 수 있는 유일한 통로는 허리를 굽혀야만 하는 낮은 입구뿐이었습니다.

그런데 사실 쿠누는 여자와 아이들의 마을이었어요. 남자들은 멀리 떨어진 농장이나, 금광석이 매장되어 있는 요하네스버그 남쪽의 광산에서 1년 내내 일했거든요. 남자들은 1년에 고작 두 번 정도 집에 들렀는데, 그때는 주로 밭을 일구었습니다. 그러고 나면 괭이질을 하고, 잡초를 뽑고, 추수를 하는 것은 모두 여자들과 아이들의 몫이었어요.

나는 어렸을 때 혼자 있었던 적이 거의 없었습니다. 우리 집은 늘 친척들의 어린아이들이나 갓난아이들로 붐볐거든요. 백인들처럼 촌수를 구별하지 않는 아프리카 문화에서는 삼촌과 고모 또는 이모의 아이들은 사촌이 아니라 친형제로 여겼어요. 그래서 이모는 곧 내 어머니였고, 내 삼촌의 아들은 내 형제였으며, 내 형제의 아이는 내 아이였습니다.

쿠누에서 백인들을 몇 명 만나기도 했지만 내 인생에서 이들의 역할은 별것 아니었어요. 더구나 일반적인 백인들에 대해서나, 또는 신기하고 아주 멀게 느껴지던 백인들과 우리들의 관계에 대해서는 거의 생각해 보지도 않았지요.

쿠누에는 글을 아는 사람도 없었고, 사람들은 교육이 무엇인지도 몰랐어요. 아이들은 관찰을 통해서 지식을 얻었고, 아이들의 삶은 전해져 내려오는 관습이나 의식에 따라 크게 좌우되었어요. 이것이 곧 우리들의 전부였지만 아무도 그것에 대하여 의문을 제기하지 않았어요. 남자들은 아버지들이 열어 놓은 길을 따랐고, 여자들은 어머니들이 살았던 삶을 살았습니다.

어느 날, 쿠누에서는 이례적으로 교육을 받은 음베켈라 형제가 집에 찾아와서 어머니에게 말했습니다. “참으로 영리한 아들을 두셨네요. 그 아이는 학교에 꼭 보내야 합니다.”

어머니는 곧바로 아버지에게 이 말을 전했습니다. 아버지는 비록 자신은 아무런 교육도 받지 못했지만 – 아마도 바로 그러한 사실 때문에 – 아들을 학교에 보내기로 결정하는 데 조금도 망설이지 않았습니다. 내가 일곱 살 때였지요. 내가 다닌 학교는 유럽 사람들이 기독교를 퍼뜨리려고 지은 선교 학교였어요.

그 전에는 우리 가족 중 누구도 학교에 다닌 적이 없었어요. 아버지는 내가 처음 학교에 가기 전날 나를 부르더니 학교에 갈 때는 옷을 단정하게 입어야 한다고 말씀하셨어요. 그때까지 나는 쿠누의 여느 다른 소년들처럼 담요 한 장만을 걸치고 다녔거든요. 당연히 나에게는 근사한 옷이 있을 리 없었지요. 아버지는 자신의 낡은 바지 하나를 꺼내 직접 무릎께까지 자르고, 줄을 구해 허리띠 삼아 묶어 주셨어요. 내 모습은 조금 우스꽝스러웠지만 나는 지금까지도 이 바지보다 더 자랑스러운 옷을 입어 본 적이 없습니다. 그런데 학교도 근사하지 않기는 마찬가지였습니다. 교실도 하나밖에 없었어요. 근사한 옷을 입은 학생도 역시 한 명도 없었고요. 그래서 나는 마음이 편했습니다.

학교에 간 첫날, 음딘가네 선생님은 우리에게 새 이름을 지어 주었습니다. 그 당시 우리나라는 영국이 지배하고 있었기 때문에 학교에서는 그 이름을 사용해야 한다고 했습니다. 그것은 당시 아프리카 사람들 사이에 퍼져 있는 하나의 관습이었는데, 우리의 교육에 대한 영국인들의 편견 때문에 생겨난 것이었습니다. 더구나 백인들은 아프리카식 이름을 발음할 수 없거나 아니면 발음하려고 하지도 않았어요. 그러한 이름을 가지고 있는 것을 미개하다고 여겼거든요.

그날 선생님이 내게 지어 준 이름은 넬슨이었어요. 넬슨? 선생님이 내게 왜 그 이름을 지어 주었는지 모르겠지만, 처음에는 매우 낯설게 들리더니 곧 익숙해졌어요.

나는 학교에서뿐만 아니라 집에서도 많은 걸 배웠습니다. 어머니는 코사 족의 전설과 동화를 많이 들려주었어요. 다른 사람들을 친절하게 대하라는 교훈이 담긴 이야기들이었지요. 그중 다음 이야기는 지금도 내 머릿속에 남아 있습니다.

어느 노파가 자신의 눈에 낀 눈곱을 닦아 달라고 부탁하자 사람들은 모두 이를 무시했습니다. 그러던 중 한 여행자가 불쾌함을 무릅쓰고 이 부탁을 들어주었습니다. 그러자 노파는 기적처럼 아름답고 젊은 여자로 변했고, 여행자는 그 여자와 결혼해서 행복하게 잘 살았다고 합니다.

우리 아버지는 키가 크고, 피부가 검고, 풍채가 좋은 분이었습니다. 아버지는 엄격했고, 지나칠 정도로 고집이 세기도 했지만, 사람들은 아버지의 뜻을 존중했습니다.

아버지한테서는 용감한 코사 족 소년이 되는 법을 배웠습니다. 아버지는 어머니와 달리, 코사 족의 용감무쌍한 무사들이나 역사적인 전쟁 이야기로 나의 마음을 사로잡았습니다. 나는 커서 아버지 같은 어른이 되고 싶었고, 때로는 아버지처럼 머리를 허옇게 보이려고 머리카락에 일부러 재를 바르기도 했습니다.

하지만 아홉 번째 내 생일이 지난 어느 날, 아버지가 갑자기 병으로 돌아가셨습니다. 나는 그때까지 그렇게 커다란 슬픔을 경험해 본 적이 없었어요. 망망대해에 떠다니는 듯한 느낌이었어요. 물론 내 존재의 기둥은 어머니였지만, 아버지의 죽음은 당시에 내가 상상할 수도 없는 방식으로 내 삶을 송두리째 바꾸어 놓았습니다.

나는 쿠누를 떠나야 했어요. 쿠누는 내가 알고 있는 세계의 전부였고, 그 세계를 남겨두고 떠나는 것이 슬펐습니다. 아이들이 자신들의 첫 번째 집을 사랑하듯이 나도 쿠누를 사랑했기 때문입니다.

어머니는 나를 이웃 마을 음케케즈웨니의 추장 욘긴타바(욘기)에게 맡겼습니다. 욘기 아저씨는 우리 아버지의 결정으로 추장이 되었는데, 그때는 템부 족의 섭정으로 매우 중요한 사람이었어요. 욘기 아저씨는 아버지가 죽고 난 뒤 10년 동안 내 후원자이자 보호자가 되어 주었습니다. 그는 자동차도 있었고, 대궁전이라 불리는 큰 집에서 살았어요. 이런 곳에서 생활한다는 것이 내게는 흥미진진하면서 새로운 경험이었답니다! 어머니는 나를 자주 보러 오셨고, 어머니를 만날 때마다 나는 행복했습니다.

쿠누가 그리웠지만 나는 새 삶을 사랑했습니다. 나는 새로운 일상에 빠르게 젖어들었어요. 내게 그곳은 마술의 궁전이었어요. 모든 것이 즐거웠지요. 말을 타거나 새총으로 새를 잡고, 학교에 가지 않을 때에는 쟁기로 밭을 갈고, 마차를 끌고, 양 떼도 돌보았어요. 쿠누에서는 허드렛일이던 것들이 음케케즈웨니에서는 흥미진진한 모험처럼 느껴졌습니다.

욘기 아저씨의 아들 저스티스는 나보다 네 살 더 많았지만 우리는 둘도 없는 친구처럼 지냈어요. 아버지를 제외한다면 그는 내게 최초의 영웅이기도 했습니다. 하지만 저스티스와 나는 여러 면에서 전혀 달랐어요. 그는 외향적이었고 나는 내성적이었으며, 그는 성격이 밝았고 나는 신중했어요. 그래도 나는 모든 면에서 그를 존경했고, 그는 내가 되고 싶은 사람이었습니다. 우리가 함께한 시간은 잊지 못할 것입니다!

욘기 아저씨는 섭정으로서 흑인과 백인들 모두에게서 존경받았습니다. 나는 대궁전에서 열리는 부족회의를 지켜보며 많은 것을 배웠습니다. 필요할 때마다 소집되는 이 회의에서는 다양한 부족 문제를 논의했습니다. 템부 사람들은 누구나 자유로이 참석할 수 있었어요. 모임은 일종의 합의를 이끌어 낼 때까지 계속되었지요.

해가 지고 모임이 끝날 때쯤이면 섭정은 자신의 말을 하기 시작했어요. 지금까지 나온 발언을 요약하고, 서로 다른 의견들을 하나로 모으기 위해서였지요. 동의하지 않는 사람들에게 결론을 강요하지는 않았습니다. 이런 과정은 훗날 리더십에 관한 내 생각에 큰 영향을 미쳤습니다. 지도자가 된 뒤 나는 언제나 섭정이 대궁전에서 보여 준 원칙들을 따랐습니다. 나는 언제나 내 의견을 말하기 전에 참석한 모든 사람들의 말을 경청하고자 노력했습니다.

내가 열여섯 살이 되던 해에 나는 집에서 100여 킬로미터 떨어진 클라크베리 기숙학교에 들어갔어요. 그때 욘기 아저씨는 이제 어른이 되었다는 의미에서 구두 한 켤레를 주었어요. 그날 밤, 나는 그 구두가 새것이었지만 다시 한번 반짝반짝하게 닦았습니다.

3년 뒤 나는 우리나라에서 아프리카 사람들이 다니는 학교로는 규모가 제일 큰 힐드타운에서 저스티스를 만났습니다. 남녀 학생들의 수가 1,000명이 넘는 학교였는데, 이곳에서 나는 고등학교 교육을 마쳤지요.

스물한 살 되던 해에 나는 이스턴케이프에 있는 흑인 대학교인 포트헤어에 입학했습니다. 욘기 아저씨는 내가 포트헤어에 입학하게 되자 누구보다 기뻐하며 새 양복도 한 벌 사 주었어요. 맨 처음 학교에 들어갈 때 입었던, 아버지가 무릎을 잘라 준 바지와는 너무 달랐어요. 나는 전보다 세련되고 어른이 된 것 같은 느낌이 들었어요!

1960년까지 남아프리카에서 흑인들을 위한 최고 교육기관은 포트헤어뿐이었어요. 하지만 포트헤어는 그 이상의 의미를 지니고 있었어요. 그곳은 중남부 아프리카와 동부 아프리카에서 온 여러 아프리카 학자들의 희망이기도 했거든요. 우리 흑인에게 그곳은 옥스퍼드나 케임브리지, 하버드나 예일이 모두 합쳐진 곳이었습니다. 그런 만큼 우리나라 각지의 젊은 흑인들이 포트헤어에 와서 공부했어요. 소토 족, 줄루 족, 츠와나 족 같은 다른 부족 출신의 사람들을 만난 것도 이때가 처음이었습니다.

포트헤어는 지적인 면이나 사회적인 면에서 아주 세련된 곳이었어요. 서구 사람들이 볼 때는 형편없겠지만, 나 같은 촌뜨기에게는 정말 대단히 새로운 곳이었습니다. 나는 처음으로 잠옷을 입고, 치약과 칫솔을 사용하고(전에는 재로 이를 하얗게 만들고, 이쑤시개로 이를 청소했거든요), 수세식 화장실과 뜨거운 물이 나오는 샤워기를 경험했어요. 물론 비누도 내게는 처음이었답니다. 그래도 나는 여전히 시골의 즐거움을 그리워하는 촌놈이었지요.

나는 이곳에서 올리버 탐보를 비롯해 많은 친구를 사귀었습니다. 특히 올리버는 날카로운 논객이었으며, 우리가 일상적으로 수용하는 것을 받아들이지 않았어요. 그때는 자주 만나지 못해 미처 몰랐지만 올리버와 나는 서로의 삶에서 매우 중요한 존재가 될 운명이었습니다.

대학교에서 나는 전보다 더 활동적인 사람이 되었어요. 내 몸이 더 자라서 힘이 강해진 탓도 있지만, 더 중요한 것은 포트헤어가 힐드타운보다 작아서 경쟁이 적었기 때문이었습니다. 나는 달리기, 권투, 사교춤 등 여러 가지를 배웠는데, 그중 축구와 달리기를 잘했어요. 특히 달리기는 타고난 재능이 부족해도 끊임없이 연습하고 노력하면 이를 극복할 수 있다는 값진 교훈을 내게 주었습니다.

나는 공부도 열심히 했지만 가끔 일상을 벗어나 재미있는 시간을 보내기도 했습니다. 어느 날 밤, 나는 친구들과 함께 몰래 학교 밖에 있는 무도장에 갔습니다. 그곳은 그 지역 흑인 사회의 상류층 사람들만 출입하는 곳이라 학생들은 들어갈 수 없는 곳이었어요. 하지만 여자와 실제로 사교춤 연습을 하고 싶었던 우리의 바람을 막을 수는 없었죠. 우리는 그런 우리가 매우 대담하다고 생각했어요. 물론 그곳에서 우리 선생인 매튜 교수를 만나기 전까지는 말이죠! 나는 쥐구멍에라도 숨고 싶었어요. 우리가 위반한 학교 규칙은 한두 가지가 아니었거든요. 그러나 규율을 담당하던 매튜 교수는 우리에게 한 마디도 하지 않았어요. 그는 우리가 열심히 노력하는 것을 용서해 주었던 것입니다.

포트헤어 2학년 겨울 방학 때에는 친구 폴과 함께 움타타를 여행하면서 매우 특별한 경험을 했어요. 하루는 우리가 우체국 밖에 서 있는데, 어느 60대 백인이 다가오더니 폴에게 우체국에 가서 우표를 사 오라고 시켰어요. 그때는 백인이 흑인 아무에게나 심부름 시키는 것을 당연하게 여겼거든요. 그런데 폴은 그 백인의 명령을 단호히 거절했어요. 그는 물론 화를 씩씩 내며 사라졌지요.

나는 폴의 갑작스러운 행동 때문에 입장이 몹시 난처했어요. 비록 그의 용기를 높이 사기는 했지만, 그 백인은 내가 누군지 알고 있었거든요. 만약 나였다면 나는 순순히 시키는 일을 했을 것입니다. 그래도 나는 폴의 행동을 존경하지 않을 수 없었어요. 나는 흑인들이 하루에도 수십 번씩 겪는 모욕적이고 인종 차별적인 일을 반드시 당하고 있어야만 하는 것은 아니라는 사실을 깨닫기 시작했습니다.

방학이 끝난 뒤 나는 곧 대학 졸업장을 받을 수 있다는 꿈에 젖어 있었어요. 대학 졸업장은 지역 사회에서 신분을 높이고 경제적으로 성공하려면 반드시 필요했거든요. 총장을 비롯해 교수들도 늘 우리들에게 우리가 아프리카 사회의 엘리트라고 격려해 주었습니다.

또한 대학 졸업장을 받으면 나는 아버지가 돌아가신 뒤에 잃어버린 재산과 명예를 어머니에게 회복시켜 드릴 수 있으리라는 기대에 부풀어 있었어요. 쿠누에 좋은 집을 짓고, 정원을 꾸미고, 가구를 들여놓고, 가족들이 오랫동안 갖지 못했던 것들을 갖게 해 줄 수 있다고 생각하면 힘이 절로 났습니다. 그것들은 내가 가슴속에 품고 있던 오랜 꿈이었거든요.

하지만 나의 학창 시절은 갑자기 끝나고 말았습니다. 학교에서 학생회 임원을 뽑는 선거가 내 인생의 방향을 바꾸게 되리라고는 상상도 못 했습니다.

학교 교칙에 따르면, 전체 학생이 학생회의 임원 6명을 뽑게 되어 있었습니다. 선거를 치러 나를 포함한 6명이 학생회 임원으로 뽑혔지만, 전체 학생 수의 6분의 1 정도인 겨우 25명밖에 투표를 하지 않았다는 것이 문제였어요. 학생들의 가장 큰 관심사는 학교 식당의 형편없는 음식이었는데, 학생회가 이 문제를 해결하지 못하자 대부분 투표를 하지 않았던 것입니다. 이것이 문제가 되자 선출된 임원들이 모두 사퇴하고 다시 선거를 치렀지만 결과는 처음과 똑같았어요.

나는 전체 학생들의 지지를 받지 못하는 학생회 임원직을 사퇴했습니다. 다른 동료 5명을 설득시킬 수 없어 나만 사퇴하게 되었어요. 총장은 시간을 갖고 내게 사퇴를 다시 생각해 보라고 권했습니다. 그러고는 내가 사퇴를 고집하면 포트헤어에서 퇴학시킬 수밖에 없다고 경고했습니다. 그래도 내 마음은 변하지 않았어요. 그러자 총장은 내게 학생회 일만 한다면 포트헤어에 계속 다닐 수 있게 해 주겠다고 제안했습니다. 하지만 나는 끝내 마음을 바꾸지 않았습니다. 그 일 이후 나는 다시는 학교로 돌아가지 않았습니다. '말썽꾸러기(롤리흘라흘라)'라는 내 이름에 맞는 인생이 시작된 것일까요?

대궁전으로 돌아가 욘기 아저씨에게 포트헤어에서 있었던 일을 들려주자 아저씨는 불같이 화를 냈어요. 총장에게 말을 할 테니 어서 학교로 돌아가라고 했어요. 물론 그래도 나는 끝내 내 결정을 바꾸지 않았습니다.

그러던 어느 날, 욘기 아저씨가 나와 저스티스를 부르더니 우리가 곧 결혼하게 될 것이라고 말했어요. 우리는 깜짝 놀랐지요. 하지만 우리는 할 말이 없었어요. 욘기 아저씨는 템부의 법과 전통에 따라 행동했을 뿐, 그가 일부러 우리를 벌하기 위해 그런 것이 아니었거든요.

우리와 결혼할 아가씨들의 집안을 무시한 것은 아니었지만 나와 저스티스는 아직 결혼할 생각이 없었어요. 게다가 나는 우리 종족의 사회제도를 고쳐야 한다고 생각하고 있던 참이었어요. 물론 이렇게 사회적 관습을 거부하게 된 것은 모두 욘기 아저씨가 내게 베푼 교육 때문이었지요.

우리는 욘기 아저씨가 잠시 집을 비운 사이에 요하네스버그로 도망치기로 결심했어요. 필요한 경비는 욘기 아저씨의 황소 두 마리를 팔아 해결했지요. 하지만 욘기 아저씨의 손길을 벗어나는 일은 결코 쉽지 않았습니다.

요하네스버그는 대궁전에서 700킬로미터 넘게 떨어져 있었습니다. 코사 족 사람들은 그곳을 에골리, 즉 '황금의 도시'라고 불렀어요. 그곳에서 우리는 일자리를 구해 새로운 삶을 시작할 생각이었습니다. 그것은 모험이었어요. 우리는 앞날에 대한 희망과 흥분으로 가득 차 대도시의 반짝이는 불빛을 향해 길을 떠났습니다.

도시는 우리가 상상했던 것보다 훨씬 더 컸습니다. 눈을 돌리는 곳마다 사람들, 상점들, 자동차들로 가득했어요. 하지만 그 근사한 상점과 값비싼 자동차의 주인은 모두 백인이었습니다. 흑인들은 대부분 가난했습니다.

우리는 어느 백인 집 뒷마당에 딸린 하인들의 숙소에서 첫날 밤을 보냈습니다. 비록 마룻바닥 신세였지만, 요하네스버그에서 시작될 앞날에 대한 생각으로 들떠 있어서 그날 밤은 마치 새털 침대 위에서 자는 것처럼 편안했습니다. 나는 기나긴 여행의 목적지에 다다른 것 같았어요. 하지만 내가 상상도 할 수 없는 훨씬 더 길고 험난한 길의 시작일 뿐이라는 것을 그때는 알지 못했습니다.

우리는 높은 언덕 위에 자리한 광산에 일자리를 얻었습니다. 하지만 그곳에는 우리가 꿈꾸던 금광의 기적은 없었습니다. 황폐하고, 사방에 울타리가 쳐진 금광은 마치 전쟁이 할퀴고 간 싸움터 같았어요. 그래도 저스티스와 나는 욘기 아저씨의 권위를 이용해 직원들을 속여 특별한 대우를 받으며 일을 할 수가 있었어요. 하지만 그 기쁨도 잠시, 얼마 지나지 않아 우리가 집을 도망쳐 나왔다는 사실과 거짓말이 들통 나면서 우리는 금광을 나와야만 했습니다.

그 뒤 나는 시 외곽의 알렉산드라 흑인 거주 지역에서 살았습니다. 알렉산드라는 멋진 빌딩 몇 개가 뽐내며 서 있었지만 빈민가나 다름없었어요. 비포장 길은 먼지가 풀풀 날리고, 발가벗고 뛰어다니는 굶주린 아이들로 득시글거렸습니다. 게다가 알렉산드라는 전기가 전혀 들어오지 않았기 때문에 '어둠의 도시'로 유명했어요. 하지만 같은 어둠이라도 반갑게 껴안아 주는 듯한 고향의 어둠과는 무척 달랐어요.

나는 어느 집 뒷마당에 딸린 집에 세 들어 살았는데, 오두막보다도 못한 판잣집이었어요. 그래도 그곳은 내 집이었고, 그 집을 구한 기쁨은 말할 수도 없이 컸습니다.

알렉산드라에서는 쿠누에서 보냈던 어린 시절보다 훨씬 더 가난하게 생활했어요. 다행히 법률회사의 견습 서기로 일하면서 월급을 조금 받았지만, 나는 항상 돈에 쪼들린 채 아주 적은 돈으로 겨우 먹고살았어요. 버스비를 아끼기 위해 아침저녁으로 회사와 집 사이를 10킬로미터씩 걸어 다녔고, 빵 한 조각으로 여러 날을 견디기도 했지요. 얻어 입은 옷 한 벌로 5년 동안 매일같이 입고 다녔더니 나중에는 원래 천보다 헝겊을 대고 기운 곳이 더 많았어요. 특히 촛불 없이는 공부할 수 없었기 때문에 월급의 일부를 무엇보다 중요한 촛불을 사는 데 썼습니다. 등불을 사용할 만한 여유가 없었거든요. 그래도 촛불 덕분에 밤늦게까지 책을 읽을 수 있었습니다.

저스티스도 한동안 요하네스버그에 머물렀지만 1942년 겨울, 욘기 아저씨가 돌아가시자 추장 자리를 계승하러 고향으로 돌아갔습니다.

나는 많은 사람을 새로 만났지만 특히 월터 시술루와 친했습니다. 월터와 그의 가족은 요하네스버그 인근의 흑인 거주 지역인 소웨토 올란도웨스트에서 살았습니다. 월터는 강하고 이성적이며 현실적이고 헌신적인 사람이었어요. 나는 그런 월터를 존경했고, 그에게서 현명한 가르침을 많이 받았습니다.

월터의 집은 내 집이나 다름없었어요. 그곳은 사람들로 늘 북적였고, 각종 토론이 하루도 끊이지 않았어요. 바로 그곳에서 에블린 메이스를 만났지요. 우리는 곧 사랑에 빠졌고, 몇 달 뒤 결혼했습니다. 아들 둘과 딸 둘을 낳았지만 딸 하나는 9개월 만에 세상을 떠났어요. 안타깝게도 얼마 뒤 에블린과 헤어졌지만 템베킬레와 마가토, 그리고 딸 마카지웨와 여전히 친하게 지냈습니다.

월터의 집에서 나는 오랜 벗 올리버 탐보도 다시 만났습니다. 나는 생계를 위해 대학을 포기하고 변호사 자격 시험에 합격한 뒤 법률회사에 다니다가, 1952년 8월에 변호사 사무실을 개업했습니다. 당시 올리버는 다른 법률회사에서 일하고 있었어요. 하지만 몇 달 뒤, 우리는 함께 법률 사무소 '만델라와 탐보'를 열었습니다.

AND

우리 사무실은 요하네스버그 중심가에 있었습니다. 사무실 문에는 '만델라와 탐보'라고 씌어진 놋쇠 간판이 달려 있었어요. 이 빌딩은 인도 사람이 주인이었는데, 도심지에서 흑인들이 사무실을 빌릴 수 있는 몇 안 되는 곳 가운데 하나였어요.

개업하자마자 우리 사무실은 손님들로 넘쳐났어요. 우리가 남아프리카에서 유일한 흑인 변호사는 아니었지만, 흑인 변호사가 개업한 유일한 법률회사였거든요. 흑인들에게 우리는 첫 번째이자 마지막 희망이었어요. 아침마다 사무실에 출근하려면 우리는 복도와 계단에서 기다리는 수많은 사람들 사이를 뚫고 지나가야 했지요.

아프리카 흑인 어린이는 흑인 전용 병원에서 태어나, 흑인 전용 버스로 집에 돌아오고, 흑인 거주 지역에서만 살아야 하며, 학교도 흑인 전용 학교에 다녀야만 했어요. 그 흑인 아이는 커서도 흑인들만 다니는 직장에만 취직할 수 있고, 흑인 전용 기차만 탈 수 있었어요. 이것이 남아프리카 흑인의 현실이었어요.

이렇듯 남아프리카에서 흑인으로 산다는 것은 태어나는 순간부터 정치적일 수밖에 없다는 것을 의미합니다. 내가 언제부터 정치에 관심을 갖게 되었고, 또 언제부터 자유를 향한 길을 걸었는지 기억할 수는 없습니다. 다만 어느 한순간에 깨달음을 얻었다거나 계시를 받았다거나 진리를 깨우쳐서 이 길에 들어선 것은 아니었어요. 남아프리카에 살면서 쌓여 온 모욕감과 모멸감, 그리고 기억할 수 없는 수많은 순간들이 내 안에서 분노와 저항심, 그리고 우리 민족들을 가두고 있는 사회 체제에 대한 울분을 키워 왔던 것입니다.

우리 사무실은 흑인들의 어려움을 이해해 주고 잘 대처해 주는 곳이었으며, 그들을 결코 내쫓거나 그들에게 사기를 치는 곳이 아니었으며, 그들과 피부 색깔이 같은 사람들로부터 변호를 받는다는 사실을 자랑스럽게 여길 수 있는 곳이었어요. 그래서 일반 흑인들에게 우리 사무실은 중요한 의미가 있는 곳이었지요. 또한 이것이 내가 변호사가 되었던 가장 큰 이유이기도 했습니다.

남아프리카에서 변호사로 일한다는 것은 타락된 법률 제도, 즉 평등이 아니라 그 반대인 불평등을 소중히 여기는 법률 제도 아래에서 일하는 것을 의미했습니다. 우리는 법원 내에서조차 편견에 자주 부딪혔어요. 백인 증인은 흑인 변호사의 질문에 대답을 거부하기 일쑤였지요. 그래도 흑인들의 문제를 함께 고민하고 해결할 수 있는 내 업무는 종종 내가 올바른 선택을 했다는 것을 깨닫게 해 주었습니다.

우리가 흑인들의 삶을 개선하기 위해 할 수 있는 일은 또 있었어요. 백인들이 남아프리카에 온 뒤로 줄곧 백인들에게 지배당한 남아프리카의 현실을 바꾸기 위해 싸우는 것이었어요. 그 일에 대해 해답을 주는 것은 ANC, 즉 아프리카민족회의라는 단체였어요. 1912년에 만들어진 ANC는 남아프리카에서는 가장 오래된 단체였어요. 또한 흑인 스스로 지배할 수 있는 자유를 얻기 위해 싸우며, 인종 차별 주의를 반대했지요. 월터는 이미 ANC의 일원이었고, 올리버와 나도 곧 그 단체에 가입했습니다. 월터의 집에서 우리는 인종 차별을 없앨 수 있는 방법을 찾기 위해 머리를 맞댔습니다.

당시 남아프리카에는 ANC 말고는 다른 대안이 없었어요. ANC는 유일하게 모든 사람들에게 그 문이 열려 있는 단체였고, 모든 아프리카 사람들에게 안식처를 제공해 주는 거대한 우산 같은 구실을 했거든요. 하지만 사람들은 ANC가 아프리카 사람들 전체의 권리를 보호하기보다는 선택 받은 엘리트 아프리카 사람들을 위한 단체로 타락했다고 생각했어요. 사람들의 이런 생각을 바꾸고 대중의 지지를 얻기 위한 노력이 절실하게 필요했지요.

그래서 우리는 1944년에 ANC 청년동맹을 새로 만들었습니다. 청년동맹이 가장 먼저 해야 할 일은 ANC가 남아프리카 모든 사람들의 정치적 자유를 되찾을 수 있도록 이끄는 일이었고, 나아가 백인 우월주의를 극복해서 진정한 의미의 민주주의 정부를 수립하는 것이었습니다. 우리는 거리를 행진하며 우리의 자유를 요구하는 방법으로 평화롭게 항의했습니다. 사람들은 우리를 무시하지 못했습니다.

1948년 실시된 백인 보통선거에서 승리한 국민당 정부는 흑인과 백인을 분리하는 아파르트헤이트(인종 분리 정책)를 실시했습니다. 이 정책에 따라 백인은 교외에서, 흑인은 흑인 거주 지역에서 살아야 했습니다. 정부는 학교와 교회와 영화관도 흑인용과 백인용을 따로 지었고, 가게와 건물의 출입구도 아예 따로 만들었습니다. 심지어 인종마다 등급을 매겨 피부색으로 각 개인을 평가했습니다. 열여섯 살 이상의 흑인은 누구나 자신이 누구인지, 어디서 일하는지, 어디서 사는지를 알려 주는 신분증을 지니고 다녀야 했어요. 신분증 없이 다니다 들키면 감옥에 끌려가야 했지요. 아파르트헤이트는 잔인한 제도였습니다.

'아파르트'는 '분리(apartness)'를 뜻하는 말이었어요. 아파르트헤이트는 남아프리카 사람 모두를 '흑인' '유색인' '백인'처럼 인종에 따라 분류해 놓고 백인이 아닌 사람들의 삶을 통제했습니다. 그것은 곧 지난 수백 년 동안 만들어진 인종 차별의 관습이 사회 제도로 굳어지는 것을 의미했어요.

나와 ANC 동지들은 그 제도를 가만히 두고 볼 수 없었습니다. 1952년, 우리는 비폭력적 방식으로 '불복종 운동'을 벌였습니다. 인종 차별 정책을 무시하는 행동을 하는 것이었어요. 우리는 백인 전용 화장실, 우체국과 상점, 기차 등 흑인에게 금지된 구역을 허락 없이 들어갔습니다. 저항 운동 첫날 250명이 넘는 사람들이 체포되었습니다. 하지만 저항 운동은 질서정연하게 진행되었어요. 그 후 5개월 동안 의사, 노동자, 교사, 학생, 목사 등 다양한 사람들 수천 명이 이 저항 운동에 참여했지만 우리는 단 한 번도 폭력을 쓰지 않았다는 사실에 자부심을 느꼈지요.

인종 차별 법안들은 폐기되지 않았지만, 우리도 우리의 요구가 실현되리라는 환상을 품지는 않았습니다. 우리가 인종 차별 법의 폐기를 주장한 이유는 그것이 사람들을 억압하고 있는 가장 절박한 사안이며, 이러한 사안을 통해 사람들의 적극적인 참여를 이끌어내기 위해서였어요. 이러한 저항 운동의 결과로 ANC 회원은 2만 명에서 10만 명으로 크게 불어났습니다. 우리는 점점 강해졌습니다.

WHITES

ONLY

정부는 저항 운동을 백인들의 안전과 인종 차별 정책을 위협하는 것으로 여겼어요. 그들은 시민 불복종 운동을 정당한 저항 운동이 아닌 범죄 행위로 간주했지요. 내가 ANC 회의에 참석하거나 아파르트헤이트에 항의하는 것도 못 하게 막았어요. 하지만 나는 비밀리에 계속 ANC에서 일했습니다. 정부에서 금지령을 내리고 나의 활동을 제한할수록 나의 모든 행동과 계획은 비합법적인 지하 활동으로 바뀌어 갔습니다.

남아프리카에서 아파르트헤이트에 반대하는 사람은 비단 흑인들만이 아니었습니다. 많은 유색인과 인도인, 심지어 백인들도 인종 차별 정책에 반대했습니다. 인종 차별 정책은 인종에 따라 사람들을 분리하려 했지만, 우리는 인종을 뛰어넘어 함께 협력할 수 있다는 것을 보여 주었지요.

1950년대 초반, 각기 다른 인종 집단 출신의 많은 이들이 한자리에 모여 '회의동맹'이라는 모임을 만들었습니다. 그러고 나서 1955년 ANC와 회의동맹 회원들은 요하네스버그 근처의 작은 도시 클립타운에서 만나 「자유헌장」을 작성했습니다. 그 모임은 국민회의라고 불렸고, 「자유헌장」은 남아프리카의 자유와 민주주의를 위해 싸우겠다는 약속이었습니다. 「자유헌장」은 인종 차별은 폐지되어야 하고, 모든 사람의 권리는 동등해야 한다고 말하고 있습니다. 이는 곧 남아프리카의 미래를 위한 청사진이었고, 이내 사람들에게 꿈과 희망을 심어 주었어요.

「자유헌장」은 이렇게 시작됩니다…….

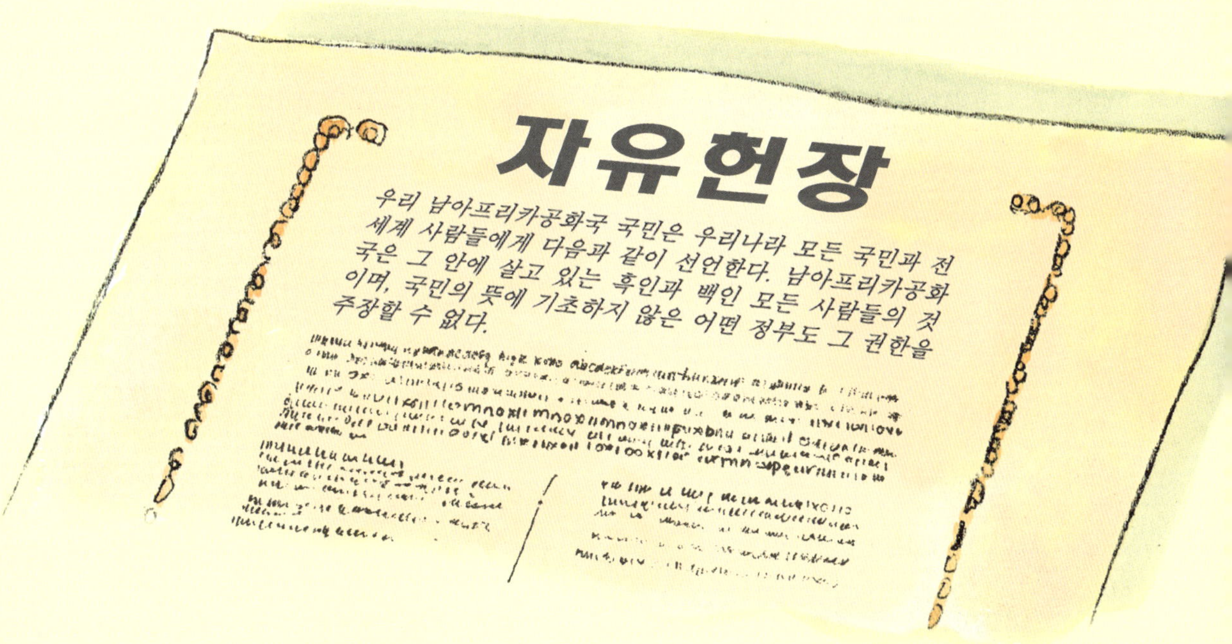

1956년 12월 어느 날 아침, 방문을 시끄럽게 두드리는 소리에 잠을 깼습니다. 나를 체포하러 온 보안경찰이었어요. 「자유헌장」을 못마땅하게 여겼던 정부가 올리버와 월터와 나를 비롯해 회의동맹 사람들을 체포했던 것입니다. 체포된 사람은 모두 156명. 우리는 반역죄와 정부를 전복하기 위해 폭력을 사용했다는 혐의를 받았습니다. 최고 사형까지 받을 수 있었지요.

하지만 1961년 3월, 우리는 결국 무죄 판결을 받았습니다. 재판을 받던 사람들과 이를 지켜보던 사람들 모두 기쁨에 겨워 노래를 부르고 춤을 추었습니다.

그 무렵 나는 에블린과 헤어지고, 사회복지사이면서 ANC 회원이었던 위니 마디키젤라와 사랑에 빠졌습니다. 위니에게 위니의 작은 월급으로 살아야만 할지도 모른다고 솔직하게 고백했어요. 그러자 위니는 모든 것을 이해해 주었고, 오히려 나와 함께 모든 고난을 이겨 낼 준비가 되어 있다고 격려해 주었어요.

우리는 1958년 6월에 결혼해 두 딸, 제나니와 진드지를 낳았습니다. 제나니는 '당신은 세상에 무엇을 가져왔는가?'라는 뜻을, 진드지는 '당신 잘 있군요!'라는 뜻을 담고 있는 이름입니다.

1959년, 인종 차별 정책을 반대하고 자유를 되찾기 위한 국민들의 시위가 끊이지 않았습니다. 그러다가 마지막 시위가 일어났던 지역에서 결국 가장 비참하고 비극적인 사건이 일어났습니다. 요하네스버그 남쪽에 있는 조그마한 마을, 샤프빌에서 벌어진 참극은 남아프리카는 물론 전 세계를 충격에 빠뜨렸습니다.

샤프빌의 주민 수천 명이 비무장 상태로 평화롭게 행진을 벌이고 있었는데, 어느 순간 느닷없이 경찰이 사람들에게 총을 쏘아 댔습니다. 경찰은 고작 75명뿐이었지만 샤프빌은 아수라장이 되었고, 지옥 같은 시간이 지나고 마을이 다시 조용해졌을 때 거리에는 흑인 69명이 죽어 있었어요. 그리고 여자와 어린이를 포함해 400명이 넘는 사람들이 다쳤지요. 그것은 대학살이었습니다.

샤프빌 사건 때문에 남아프리카 전국에서 시위가 벌어지면서 정부는 심각한 위기를 맞았습니다. 전 세계에서 항의가 빗발쳤어요. 하지만 정부는 책임을 지기는커녕 국가비상사태를 선포했습니다. 국가비상사태로 나는 다시 경찰에 체포되었다가 5개월 만에 집으로 돌아올 수 있었습니다. 이때 나는 마음대로 산책하고, 사람을 만나고, 말을 하거나 침묵할 수 있다는 것, 즉 평범하게 생활한다는 것이 얼마나 고마운 일인지 깨달았습니다.

하지만 재판이 끝난 이후 나는 정부의 감시를 피하기 위해 지하로 숨어들어야 했고, 점차 야행성으로 변했습니다. 낮에는 은신처에 몸을 숨기고, 어두워지면 활동을 시작했지요. 당시 내게는 '검은 별봄맞이꽃'이라는 별명이 붙여졌습니다. 경찰의 체포망을 피해 다녔던 어느 소설의 주인공 별명인 '주홍색 별봄맞이꽃'에 빗대어 붙인 별명이었습니다. 나는 가능한 한 누추하게 입고 다니며, 비밀리에 전국 방방곡곡을 돌아다녔습니다.

샤프빌 사건이 있고 나서 정부는 ANC를 비롯해 자유를 위해 싸우는 단체들을 불법화했습니다. 정부는 남아프리카를 흑인과 나눠 가지려 하지 않았어요. 우리의 평화롭고 비폭력적인 시위는 아무 소용이 없었고, 나는 점차 생각이 바뀌어 갔습니다. 정부가 우리의 비폭력 운동을 무력으로 진압한다면 우리도 비폭력 정책을 폐기해야 한다고 생각했습니다. 그렇다고 무슨 뾰족한 수가 있었던 것은 아니지만 적어도 국가의 무장 공격에 국민을 무방비로 맞서게 하는 것은 잘못된 일이라고 생각했습니다. 그리고 국민들도 스스로 무장하기 시작했지요. 폭력적 저항은 우리가 의도하든 안 하든 시작되고 있었습니다. 결국 우리는 자유를 손에 넣으려면 정부와 똑같이 우리도 총을 들고 싸우는 수밖에 없다고 결정했습니다.

나는 군에 다녀온 적도 없고, 전투에 참여했던 경험도 없지만 '움콘토 웨 시즈웨(Umkhonto we sizwe)'라는 조직을 만들었습니다. 코사 족 말로 '민족의 창'이라는 뜻이었고, 줄여서 MK라고 불렀지요.

나는 비밀리에 해외 여러 나라를 돌아다니며 우리의 존재를 알리고, 우리가 아파르트헤이트에 맞서 싸울 수 있도록 도와 달라고 호소했습니다. 내가 가장 익숙지 못했던 군사 훈련도 받고, 군사 기술에 관한 모든 것을 배웠습니다. 하지만 6개월간 받기로 되어 있었던 군사 훈련은 8주 만에 끝나고 말았습니다. 고국에 있는 사람들이 '민족의 창' 야전사령관이 남아프리카 내에 머물러 있기를 바랐기 때문입니다.

1962년 8월, 나는 데이비드 모차마이라는 가짜 이름으로 된 여권으로 남아프리카에 돌아왔습니다. 국경을 넘어선 뒤 깊은숨을 내쉬었습니다. 오래도록 떠나 있다 돌아온 고향의 공기가 제일 먼저 나를 반겨 주었어요. 아주 맑은 겨울밤이었고, 심지어 별들조차 대륙의 어느 곳에서보다 더 환영해 주는 것 같았어요. 처음으로 자유를 경험했던 세상에서 다시 도망자로 살아야 하는 곳으로 돌아왔지만 그래도 내가 태어나고 자란 땅에 돌아온 것이 기뻤습니다.

고국에 돌아와 몇 달 숨어 지내는 동안 경찰에서는 넬슨 만델라를 찾느라 사방을 뒤지고 다녔어요. 8월 5일, 정부의 눈을 피해 요하네스버그로 돌아오는 길이었습니다. 나와 동료는 맑고 서늘한 겨울 날씨를 즐기며 교대로 운전을 했습니다. 그때 나는 나탈 지역의 아름다움에 흠뻑 빠져 버렸습니다. 요하네스버그로 돌아가면 아내와 아이들을 잠시라도 만나 볼 수 있다는 행복한 꿈에 젖어 있었어요.

우리가 호윅이라는 마을을 통과할 때였어요. 백인들을 가득 실은 자동차가 우리 옆을 지나가기에 나는 본능적으로 뒤를 돌아보았어요. 백인들이 탄 또 다른 차 2대가 보였어요. 그 순간 우리를 앞서가던 자동차가 우리를 멈춰 세웠어요. 알고 보니 그들은 경찰이었고, 우리는 그 자리에서 체포되었습니다. 나의 도망자 생활과 17개월의 '자유'가 그렇게 끝이 났지요. '검은 별봄맞이꽃'은 이제 더 이상 자유의 몸이 아니었습니다.

나는 감방에서 내가 체포되거나 감금될 수 있는 현실에 대한 준비가 되어 있지 않았다는 생각이 들자 너무나도 화가 났습니다. 나 자신에 대한 방어를 허술하게 한 것을 자책했지요. 하지만 그날 밤, 나는 정신적, 육체

적 피로가 쌓여 이내 깊이 잠이 들었습니다. 경찰이 나를 발견하지 않을까 하는 걱정은 이제 할 필요가 없었으니까요.

요하네스버그의 '요새'라는 교도소로 옮겨지고도 며칠이 지나서야 위니에게 면회가 허용되었습니다. 시간이 많지 않아 우리는 얼른 가족 문제를 의논했어요. 그러고는 교도관이 못 본 체하는 사이에 서로를 껴안았어요. 마치 이 세상에서 마지막 작별인사라도 하듯 말이죠. 그런데 어찌 보면 그것이 마지막 인사나 다름없었어요. 우리가 앞으로 그렇게 긴 시간을 헤어져 있어야 할 줄은 아무도 몰랐으니까요.

얼마 뒤 나는 프리토리아로 이송되었습니다. 요하네스버그에서는 면회에 아무런 제한이 없어서 수많은 방문객들이 나를 찾아왔어요. 그러자 정부 당국은 나를 더 멀리 떨어진 곳으로 보내 사람들이 면회를 오지 못하도록 했습니다. 면회도 일주일에 두 번밖에 허용되지 않았지요. 힘든 길이었지만

위니는 꼬박꼬박 나를 찾아왔고, 또 늘 깨끗한 옷가지와 맛있는 음식을 잊지 않았습니다.

나는 불법으로 출국한 혐의와 파업을 선동한 혐의로 징역 5년을 선고 받았습니다. 나중에 경찰은 내 오랜 벗인 월터 시술루를 비롯해 우리 동지들도 체포했습니다. 복역한 지 9개월 만에 나는 다시 법정에 서게 될 것이라는 소리를 들었습니다. 우리는 정부 전복 혐의로 다시 기소되었습니다. 우리의 행위가 유죄라면 사형 선고를 받을 수도 있었지요.

재판은 1963년 10월에 시작되었고, 1964년 4월에 나는 우리 모두를 대신해 변론에 나섰습니다. 나는 재판부에 ANC는 본디 평화로운 조직이지만 정부가 불법화했기 때문에 평화로운 방법으로는 항의가 불가능하다고 말했습니다. 우리는 투옥은 물론 살해까지 당했고, 이것이 우리가 총을 들고 대항할 수밖에 없었던 이유였다고 말했습니다. 그리고 이렇게 덧붙였습니다. "나는 모든 개인이 조화롭게 함께 살아가는 민주주의의 이상을 소중히 간직해 왔습니다.…… 그 이상을 위해서라면 나는 언제든 기꺼이 죽을 수 있습니다."

1964년 6월, 마지막 법정에 들어선 우리는 사형 선고가 내려질 것이라 생각했습니다. 그런데 판사는 우리에게 유죄가 인정되지만 사형이 아닌 종신형을 선고한다고 말했습니다. 죽을 때까지 감옥에서 남은 생을 보내게 될 것이라는 소리였지요. 아내와 어머니와 아이들을 과연 다시 볼 수 있을까요?

우리는 케이프타운 연안의 악명 높은 교도소인 로벤 섬으로 이송되었습니다. 데니스 골드버그라는 동지만 빼고 모두 말이지요. 우리 여덟 명 가운데 그 친구만 유일하게 백인이었거든요

로벤 섬의 이름은 네덜란드 어로 바다표범을 뜻하는 단어에서 유래했습니다. 한때 바다표범 수백 마리가 해안으로 밀려오는 차가운 해류에서 뛰어 놀았다고 해서 생겨난 이름이지요. 하지만 이 섬은 나병환자 수용소, 정신병원, 해군 기지로 쓰이다가 지금은 교도소로 사용되고 있었습니다.

1962년에 로벤 섬에 처음 수감되었을 때, 초록빛을 띤

아름다운 이 섬은 교도소라기보다는 휴양지 같아 보였어요. 당시에는 네 명이 사용하기에 충분한 감방에서 생활했지요.

하지만 로벤 섬은 당시 2주일 정도 머물렀을 때와 많이 달라져 있었습니다. 그때는 정식 교도소라기보다는 모의 교도소에 가까워 죄수들도 많지 않았어요. 하지만 2년 뒤 로벤 섬은 남아프리카에서 가장 가혹하고 가장 엄격한 교도소가 되어 있었지요. 간수들은 모두 백인이었고, 그들은 우리에게 자신들을 '주인님'이라고 부르라고 명령했어요. 물론 우리는 그것을 거부했지요. 그곳에는 흑인 간수는 물론 백인 죄수도 한 사람도 없었습니다.

내 감방은 어찌나 작은지 내가 누우면 손과 발이 벽에 닿을 정도였습니다. 내 방에는 얇은 담요 몇 장과 화장실 대신 쓸 양동이 하나가 전부였어요. 내 방문에는 '넬슨 만델라 466/64'라고 적혀 있었는데, 내가 1964년 수감된 466번째 죄수라는 뜻이었지요. 나이 46살에 이 감방이 내 새로운 집이 되었답니다.

감옥에 갇혀 있는 사람에게 편지 한 장은 마치 사막에 꽃을 피우는 여름날의 한 줄기 시원한 소나기와 같았습니다. 그래서 간수가 편지를 전해 줄 때는 얼른 확 낚아채고 싶었지만, 내 속내를 들키지 않으려고 일부러 아무렇지도 않은 체하며 받았지요.

하지만 편지도 온전하게 우리에게 전달되는 것은 아니었습니다. 검열이 너무 심해서 편지는 인사말을 빼면 거의 읽을 내용이 없을 정도였어요. 검열관들이 우리가 알아서는 안 되는 부분들을 가위로 오려 내는 바람에 편지는 늘 누더기가 되었답니다.

면회도 나에게 또 다른 큰 기쁨을 주었습니다. 면회 시간은 늘 너무나 빨리 지나갔지만 면회 뒤에 그 시간을 기억하는 것만큼 즐거운 시간이 없었어요. 1968년 봄, 못 본 사이에 훌쩍 자라 어른이 다 된 아이들과, 갑자기 무척 늙어 보이는 어머니를 포함해 가족들이 모두 면회를 왔을 때의 기쁨은 이루 말할 수 없었지요. 그런데 그로부터 몇 주 뒤 어머니가 심장마비로 돌아가셨다는 소식을 전해들었습니다. 당국은 내가 장례식에 참석하는 것조차 허락하지 않았습니다. 장남이자 외아들인 내가 어머니의 장례식에 참석하지 못한다는 사실에 나는 더욱 가슴이 메어 왔습니다.

이듬해 7월, 큰아들 템베킬레(템비)가 자동차 사고로 죽었다는 소식이 전해졌습니다. 어머니의 죽음에 대한 상처가 미처 다 아물기도 전에 아들의 사망 소식이라니……. 이번에도 당국에 아들의 장례식에 참석할 수 있게 허락해 달라고 요청했지만 또 받아들여지지 않았어요. 나는 당시 내 슬픔과 상실감을 표현할 말을 찾을 수 없었어요. 템비가 어렸을 때 어른처럼 내게 했던 말이 떠올랐습니다. "아버지가 안 계실 때에는 제가 가족을 돌볼 테니 염려 마세요!"

나 때문에 수많은 고통을 겪는 아내를 생각하면 나는 늘 괴로웠습니다. 정부는 아내를 복지관에서 쫓아내는 치사한 방법으로, 아내가 생계를 꾸리는 것조차 어렵게 했어요. 게다가 위니는 체포되었다가 풀려나기를 반복했어요. 1969년에는 잠을 자다 말고 끌려가 몇 달 동안 신문을 받았고, 1972년에는 우리 집 대문을 부수고 총을 쏘면서 쳐들어온 경찰에 체포되어 감옥에 갇히기도 했지요. 위니가 갇혀 있다는 사실은 나를 무엇보다 힘들게 했습니다.

아내에 대한 탄압은 이에 그치지 않고 아내의 형제자매들에게까지 미쳤고, 아내가 가족의 어느 누구와 함께 사는 것도 금지시켰어요. 내 딸들도 경찰의 감시와 괴롭힘에서 벗어날 수 없었지요. 심지어 어느 날 갑자기 언어도 통하지 않는 시골 마을로 우리 가족을 추방하기도 했습니다.

이러한 사실들은 간수들이 내 방에 깨끗하게 오려서 베개 위에 일부러 친절하게 갖다 놓는 신문 기사를 읽고 알았습니다. 이런 사실을 알게 될 때면 나는 온몸이 갈기갈기 찢어지는 것 같았지요. 이것이 그들이 원하던 바였어요.

바깥의 소식을 알 수 없는 우리에게 신문은 금이나 다이아몬드보다도 귀중하고 음식보다도 더 절실한 '귀중품'이었습니다. 우리에게는 그 어떤 뉴스를 접하는 것도 허용되지 않았거든요. 당국은 우리의 사기를 높이거나, 바깥의 사람들이 여전히 우리를 생각하고 있다는 것을 확신시킬 수 있는 어떤 소식도 우리에게 전달되는 것을 바라지 않았어요. 어쩌다 교도관이 샌드위치를 싸 온 신문을 버리면 그것을 몰래 주워 읽기는 했지만, 세상이 어떻게 돌아가는지 제대로 알지 못한 채 몇 주, 몇 달, 몇 년이 흘러갔지요.

어느 토요일, 운동장에서 운동을 마치고 방에 앉아 있는데 교도관이 신문을 보다가 의자 위에 그냥 두고 가는 것이었어요. 그 교도관은 우리에게 친절하게 대해 주었기 때문에 나는 그가 신문을 우연히 놓아둔 것은 아닐 것이라고 믿었지요. 나는 재빨리 신문을 집어 들고 내 방으로 돌아왔어요. 여느 때 같으면 일단 신문을 감춘 뒤 나중에 읽었을 텐데, 그날은 식사 전에 참지 못하고 사탕을 먹어 버리는 아이처럼 방에 들어오자마자 신문을 읽기 시작했어요.

신문 읽는 데 얼마나 빠져 있었는지 발자국 소리도 들리지 않았어요. 갑자기 내 눈앞에 교도관이 나타났고, 나는 신문을 숨길 새도 없이 현장에서 걸리고 말았지요. 그 벌로 음식 없이 미음만 먹으면서 사흘을 방에 갇혀 지냈답니다. 우리가 마음 놓고 신문을 볼 수 있게 된 때는 그로부터 15년 넘게 시간이 흐른 1980년이었습니다.

감옥에서는 시간이 더디게 지나갔습니다. 밖에서는 몇 시간이나 며칠 걸려 해결될 일도 감옥에서는 몇 달이나 몇 년이 걸려 해결되었지요. 새로운 칫솔을 요청하면 1년 정도 지나야 받을 수 있었어요. 그래도 마당에서 바위를 자갈 크기로 부수는 오후가 영원할 것 같았지만 갑자기 연말이 다가오고, 그 모든 날들이 어떻게 지나가 버렸는지 알 수 없었습니다. 느리기는 했지만 그래도 세월이 지나가더군요. 5년…… 10년…… 20년. 어릴 때처럼 아버지를 흉내 내려고 일부러 재를 문질러 머리칼을 허옇게 만들 필요가 더는 없었습니다!

1975년, 내가 57살이 되던 해에 나의 60번째 생일을 기념해서 회고록을 출간하기로 했습니다. 사람들에게 우리가 무엇을 위해 싸우고 있는지를 들려주기 위해서였지요. 나는 무엇을 하기로 결정하면 곧바로 시작하는 성격이었습니다. 이 계획도 바로 시작했지요. 밤에 글을 쓰고 낮에 잠을 자는 비정상적인 방식으로 글을 쓰는 데 매달렸어요. 아프다는 핑계를 대고 당국의 감시를 피해 가면서요. 나는 가능한 한 진솔하게 나의 삶을 풀어냈어요. 하지만 1976년, 500장에 이르는 원고를 감옥 밖으로 내보내는 데까지는 성공했지만 책으로 출판되지는 못했어요. 그래도 그때 그 원고가 나의 자서전 『자유를 향한 머나먼 길』의 뼈대가 되었습니다.

감옥 밖에서는 자유를 얻기 위한 싸움이 계속되었습니다. ANC는 남아프리카에서는 금지되었지만 나라 밖에서는 계속 활동을 벌였어요. 올리버 탐보가 외국에서 생활하며 ANC 의장을 맡았고, 전 세계의 수많은 정부가 우리를 지지하기 시작했습니다.

1980년대 들어 ANC는 '만델라를 석방하라'라는 운동을 전개했어요. 전 세계 많은 사람들이 우리를 석방하고, ANC의 활동을 허용하라고 남아프리카 정부를 압박했습니다. 석방 캠페인은 우리들에게 희망을 다시 불러일으켰습니다.

1982년 3월, 예고도 준비도 없이 18년 동안 수감되었던 로벤 섬을 갑작스레 떠났습니다. 짐을 꾸리는 데에 걸린 시간은 30분 남짓. 20년 가까이 모아 온 것들은 고작 상자 몇 개에 다 들어갈 정도로 보잘것없었어요. 그동안 로벤 섬에 익숙해진 나는 앞으로 무엇이 나를 기다리고 있는지 상상할 수 없어서 더 불안했습니다.

나는 케이프타운 근처에 있는 폴스무어 교도소로 옮겨졌습니다. 이것은 상황이 달라지기 시작했다는 신호가 아니었을까요? 자유를 위한 우리의 싸움이 마침내 끝나가고 있다는 희망이 꿈틀대기 시작했지요. 정부와 나는 비밀리에 평화에 대해 이야기하기 시작했습니다.

LEASE
NDELA

정부와 비밀 회담을 하던 중, 내가 우리 집으로 여겼던 올랜도의 집이 방화범들에 의해 불에 타 없어졌다는 소식을 들었습니다. 감옥을 벗어나는 날이 온다면 내 소중한 사진과 편지들을 보며 과거를 추억하리라 늘 꿈꿨는데, 모든 꿈이 한 순간에 사라져 버렸지요. 감옥은 나의 자유를 빼앗아 갔지만 나의 기억들은 건드리지 못했는데, 이제 저들이 나에게서 그 기억들마저 빼앗아 가려 한다는 느낌이 들었습니다.

1988년 12월 초, 나는 다시 빅터 버스터 교도소로 옮겨졌습니다. 내가 머문 곳은 이 교도소 뒤쪽 울창한 숲에 홀로 떨어져 있는 하얀색 1층 건물이었습니다. 큰 부엌과 널찍한 응접실이 있었고, 큰 침실과 작은 침실, 그리고 수영장이 딸린 주택이었습니다! 세상과 떨어져 고립되어 있다는 느낌이 드는 곳이었어요. 이 아름다운 전원 주택의 그림을 망치는 것은 벽 위를 뒤덮고 있는 뾰족한 철망과 집 입구에 서 있는 경비원뿐이었습니다.

이 집은 교도소와 '자유'의 중간쯤 되는 곳으로, 내게 사실상 자유에 대한 환상을 심어 주었습니다. 자고 싶을 때 자고, 일어나고 싶을 때 일어나고, 배고플 때 언제든 먹을 수 있고, 하루 종일 밖에 나가 있을 수도 있는 이 모든 것들은 지난 25년 동안 꿈도 꿀 수 없었던 기분 좋은 사건들이었어요. 창문에는 창살이 없었고, 딸랑거리는 열쇠도, 잠갔다 풀었다 하는 철문도 없었어요. 모든 것이 즐거웠어요. 하지만 이곳이 금으로 도금된 새장이라는 사실을 나는 결코 잊지 않았지요.

1989년 7월, 우리와 보타 대통령의 회담이 성사되었지만 보타는 한 달 뒤에 대통령직에서 갑자기 물러났습니다. 평소에 개혁 정신이라고는 찾아볼 수 없었던 드 클레르크가 대통령직을 이어받았지요. 그래도 나는 정부와 대화를 계속했습니다. 나는 정부에 내 동료들이 조건 없이 석방되어야 한다고 끊임없이 요구했고, 마침내 1989년 10월에 월터 시술루를 비롯해 로벤 섬 시절의 동지들이 모두 풀려났습니다. 이제 나도 멀지 않았다는 것을 느꼈습니다.

1989년 12월, 나는 드 클레르크를 만나 새로운 남아프리카에 대해 이야기를 나눴습니다. 내가 만일 체포되던 당시와 같은 상황 속으로 풀려난다면 나는 또다시 그때와 똑같은 일들을 할 것이라고 강조했어요. 그 뒤 1990년 2월, 드 클레르크는 나를 포함해 비폭력 활동이라는 죄로 투옥된 정치범 전원을 석방하겠다고 발표했습니다. 그는 이제 새로운 나라에 대해 이야기할 때가 왔다고 말했지요. 일주일 뒤 그는 내게 내일 석방될 것이라고 말했습니다.

1990년 2월 11일, 나는 몇 시간 못 자고 새벽 4시 30분에 깼습니다. 여름이 끝나 가는 이날, 케이프타운은 구름 한 점 없이 맑았습니다. 교도소 간수가 짐을 쌀 수 있도록 상자를 가져다주었어요. 로벤 섬에서 나올 때만 해도 내게는 물건들이 얼마 없었는데, 지난 몇 년간 수십 년의 세월을 넘어설 만큼 많은 물건들을 갖게 되었지요. 주로 책과 신문이었어요. 상자 수십 개가 이내 가득 찼습니다.

오후 4시가 넘어서 나는 감옥에서 천천히 걸어 나왔습니다. 교도소 문 앞에는 수백 명의 기자들과 수천 명의 지지자들이 몰려 있었어요. 나는 오른쪽 주먹을 힘껏 들어 올렸어요. 그러자 사람들 속에서 커다란 함성이 울려 퍼졌어요. 내가 27년 동안 할 수 없었던 일이었지요. 이것은 내게 넘치는 힘과 기쁨을 안겨 주었어요. 로벤 섬에 갇힌 지 1만여 일이 지나서야 자유를 향한 내 머나먼 길은 끝나가고 있었어요. 일흔 살이 넘었지만 나는 내 인생이 이제 막 새롭게 시작되는 것을 느꼈어요.

올랜도의 집은 화재 이후에 튼튼하게 다시 지어졌지만, 빅터 버스터에 있는 '집'과 비교하면 초라할 뿐이었어요. 하지만 자유로운 사람이 사는 집은 아무리 호화로운 감옥과 비교한다 해도 궁전이었지요. 사랑스러운 아내와 네 아이, 손주들의 환한 모습을 보게 되다니, 정말 꿈만 같았습니다. 27년 동안 보지 못했던 사람들의 축하를 받느라 우리 집은 날마다 웃음과 기쁨이 넘쳐났습니다.

석방된 뒤 6개월 동안 나는 아프리카 여러 나라를 돌아다니느라 집보다 해외에서 더 많은 시간을 보냈습니다. 1991년 7월, 나는 ANC 의장에 뽑혔습니다. ANC와 정부는 평화에 대해, 나아가 이 나라 국민이면 누구나, 흑인이든 백인이든 상관없이 공평하게 함께 살아가게 될 남아프리에 대해 이야기하기 시작했습니다.

1993년, 오랫동안 건강이 좋지 않았던 올리버 탐보가 갑작스레 뇌일혈로 목숨을 잃었습니다. 떨어져 있는 동안에도 늘 서로를 생각하고 또 평생 끊임없이 대화를 나누었던 사이였기에 나는 더욱더 허탈했고, 세상에서 내가 가장 외롭다는 생각마저 들었어요. 올리버가 자유롭고 민주적인 남아프리카를 위해 투표권을 행사하는 기쁨을 함께 누리지 못해 마음이 더욱 아팠습니다.

그로부터 얼마 뒤인 6월 3일은 남아프리카 역사에서 기념비적인 날입니다. 1994년 4월 27일에 이 나라 국민이면 인종에 상관없이 누구든 한 표씩 행사하는 전국 차원의 선거를 처음으로 실시하기로 정했기 때문이지요.

유난히 길었던 1993년의 해가 저물어 갈 무렵에는 드 클레르크와 함께 노벨 평화상을 받았습니다. 남아프리카 사람으로는 앨버트 루툴리 추장(1960), 데스먼드 투투 주교(1984)에 이어 세 번째였습니다. 하지만 나는 남아프리카 모든 사람들을 대신해 상을 받는 것일 뿐이라는 사실을 잊지 않았습니다.

1994년 4월 27일, 젊은이든 노인이든 할 것 없이 투표를 하기 위해 수백만 명이 일찍부터 투표소마다 길게 줄을 섰습니다. 흑인들은 태어나 처음으로 백인들과 함께 새로운 남아프리카의 미래에 표를 던졌습니다. 얼마나 기다렸던 날인가요! 사람들은 서로 부둥켜안고 기쁨을 나누었습니다.

남아프리카 사람들이 그날 투표장으로 들어오는 모습은 내 기억에 깊이 새겨져 있습니다. 시내와 시골의 먼지 나는 길에 늘어선 사람들의 거대한 행렬, 자신들의 생애에서 처음으로 인간임을 느꼈다고 말하던 노인들, 마침내 자유 국가에서 살게 되어 자랑스럽다고 말하던 백인 남녀들……. 선거 기간 동안 전국의 분위기는 활기에 넘쳤습니다. 폭력은 중단되었고, 마치 새로운 국가가 태어난 것 같았어요.

1994년 5월, 나는 국민 모두가 투표해서 뽑은 최초의 남아프리카공화국 대통령이 되었습니다. 또한 첫 흑인 대통령이었지요. 자유를 향한 나의 머나먼 길은 마침내 끝났습니다. 하지만 이제 또다시 걸어야 할 길이 시작되었습니다. 새로운 남아프리카공화국을 만드는 길 말입니다. 손에 손을 맞잡고 미래를 향해 함께 행진해 가야 할 길, 한 나라, 한 민족, 한 국민이 되는 길 말입니다. 피부색에 상관없이 모두가 평화롭게 사는 법을 배우게 될 미래를 향해 말입니다.

나는 대통령에 당선되고 난 뒤 내 생애를 돌아보면서, 그리고 내가 만들어 가야 할 남아프리카공화국의 앞날을 내다보면서 다음과 같이 말했습니다.

"나는 모든 면에서 자유롭게 태어났습니다. 어머니의 오두막 근처에서 자유롭게 뛰어놀 수 있었고, 개울에서 자유롭게 헤엄칠 수 있었고, 별빛 아래에서 옥수수를 구워 먹을 수 있었습니다. 그러나 젊은 시절 자유를 빼앗겼다는 것을 깨달았을 때부터 나는 자유를 간절히 바라기 시작했습니다. 나 자신을 위한 자유를 찾던 나는 천천히 나만이 자유롭지 못한 것이 아니라 나의 형제들도 모두 자유롭지 못하다는 사실에 눈을 떴습니다. 나는 내 동포들에게 사람으로서의 존엄과 자존심을 지킬 수 있는 자유를 가져다주어야 한다고 생각했습니다.

이런 나의 욕망이 내 삶에 활기를 불어넣어 주었습니다. 겁 많은 청년을 용감한 청년으로 바꾸어 놓았고, 법을 따르는 변호사를 범법자로 만들었으며, 가족을 사랑하는 남편을 가정이 없는 사람으로 만들고, 삶을 사랑하는 사람을 수도자처럼 만들었습니다. 나는 내 동포들이 자유롭지 못하다는 것을 알게 되자 내게 허락되었던 제한된 자유마저도 누릴 수 없다는 것을 깨달았습니다. 즉 내 국민 누구 하나에게 묶여진 쇠사슬은 다른 모든 사람들에게 묶여진 쇠사슬이며, 모든 국민들에게 묶여진 쇠사슬은 나를 묶는 쇠사슬이었습니다.

내 민족의 자유를 원하는 욕망은 흑인과 백인을 포함한 모든 국민들의 자유를 원하는 욕망으로 바뀌었습니다. 억압받는 사람과 마찬가지로 억압하는 사람도 해방되어야 한다는 사실을 나는 잘 알고 있었습니다. 만약 내가 다른 사람의 자유를 빼앗는다면 남에게 나의 자유를 빼앗긴 것처럼 나는 진정으로 자유롭지 못합니다. 내가 감옥에서 풀려나왔을 때 억압하는 자와 억압받는 자 둘 다를 해방시키는 것이 나의 사명이었습니다.

나는 자유를 향한 머나먼 길을 걸어왔습니다. 나는 주춤거리지 않으려고 노력했습니다. 나는 도중에 발을 잘못 내딛기도 했습니다. 그러나 나는 커다란 언덕을 올라간 뒤에야 올라가야 할 언덕이 더 많다는 것을 발견하게 된다는 비밀을 알았습니다. 내가 가야 할 머나먼 길은 아직 끝나지 않았기 때문에 나는 감히 꾸물거릴 수가 없습니다."

그 후의 만델라
: 용서는 하되 과거를 잊지 않는다

만델라는 흑인과 백인이 함께 잘 살아가는 새로운 나라, 억압하는 사람도 억압받는 사람도 모두 자유롭고 행복한 나라를 꿈꾸었습니다. 여러 색깔로 이루어진 무지개가 아름답게 빛나듯이 서로 다른 색깔의 인종을 끌어안는 무지개 나라, 아름다운 나라를 만들고 싶었습니다.

그러기 위해서 만델라는 무엇보다 먼저 용서하고 화해해야 한다고 생각했습니다. 그는 지난날 자신의 적이었던 사람들을 찾아가 화해의 손을 내밀었습니다. 자기를 공산주의자로 몰아 로벤 섬의 감옥으로 보냈던 보타 전 대통령를 찾아가 손을 잡았습니다. 자신을 법정에 세워 감옥으로 보내는 데 결정적인 역할을 했던 검사를 초대해 아침 식사를 함께 했고, 남아프리카의 인권 운동과 민주화 운동을 탄압했던 최고 정보책임자와 로벤 섬의 총사령관이었던 사람을 초청해 저녁 식사를 함께 했습니다. 대통령 취임식

때는 감옥에서 자신을 감시했던 백인 교도관 3명을 귀빈석에 초대해 앉혔으며, 냉혹한 전 로벤 섬 교도소 소장을 오스트리아 대사로 임명하기도 했습니다.

하지만 그럼에도 하나의 원칙만은 굳게 지켜 나갔습니다. 용서는 하되 과거를 잊지 않는다는 것이었습니다. 과거에 저질러진 끔찍한 범죄의 진실을 밝혀 다시는 그런 나쁜 짓이 되풀이되지 않게 하려는 것이었습니다. 그래서 만들어진 것이 '진실과 화해 위원회'였습니다.

남아프리카의 흑인 원주민들은 백인들이 남아프리카를 점령한 후 340여 년 동안 가혹한 인종 분리 정책(아파르트헤이트)으로 억압하는 동안 자신들의 인권과 민주주의를 찾기 위해 힘든 싸움을 벌였습니다. 이 과정에서 300만 명이 넘는 사람들이 죽거나 실종되고 고문당한 뒤 감옥에 갇혔습니다. 이런 끔찍한 일이 다시 되풀이되지 않으려면 그 진상을 밝혀 그 죄악을 세상에 드러내야 한다고 본 것이지요.

그래서 많은 어려움 끝에 1996년 2월 '진실과 화해 위원회'를 만들었습니다. 수사권을 가지고 철저하게 조사해 범죄자들을 밝혀내고, 그 조사 자료를 바탕으로 범죄자들과 피해자들이 국민 앞에 나와 사건의 진상을 밝히게 했습니다. 진실을 말하면 처벌하지 않았지만, 진실을 밝히지 않으면 처벌했습니다.

'진실과 화해 위원회'에 접수된 인권 유린 사건은 약 21,300건이었으며, 진실을 밝히는 조건으로 처벌 받지 않게 해 달라고 청

구한 사람이 약 7천 명이었습니다. 범죄자들은 부끄럽기는 했지만 처벌을 받지 않기 위해 진실을 밝히지 않을 수 없었습니다. 물론 모든 진실이 밝혀진 것은 아닙니다. 하지만 그래도 어둠 속에 묻혀 있던 범죄의 진실들이 많이 밝혀졌습니다. 이 진실은 보고서에 담겨 역사에 기록되었습니다. 사람들은 이 사건을 가리켜 '망각에 맞선 기억의 전쟁'이라고도 했고, '잊어 버리지 않는 용서'라고 부르기도 했습니다.

정의와 인권, 민주주의를 위해 자기를 희생해 가며 온 생애를 바친 만델라를 향해, 그리고 자기를 박해한 사람들을 용서해 함께 손잡고 미래를 열어 간 만델라를 두고 사람들은 '위대한 만델라'라는 이름을 붙여 주었습니다.

만델라는 1995년 7월과 2001년 3월, 한국을 두 차례 방문해 김대중 대통령과 정상회담을 가졌습니다. 1995년 방문 때는 국회 본회의에서 연설을 하기도 했습니다. 이보다 앞선 1993년 7월에는 서울대로부터 인류 평화에 기여한 공로로 명예 철학 박사 학위를 받았습니다. 2004년에는 제6회 만해축전에서 평화부문 대상 수상자로 선정되었지만 직접 참석하지 못해 주한 남아프리카공화국 대사가 대신 상을 받기도 했습니다.

('부록' 글: 두레아이들 편집부)

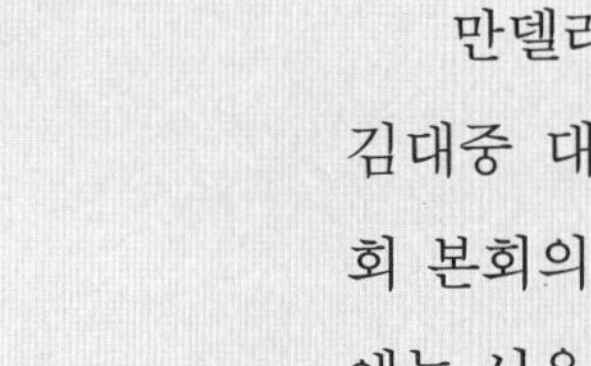
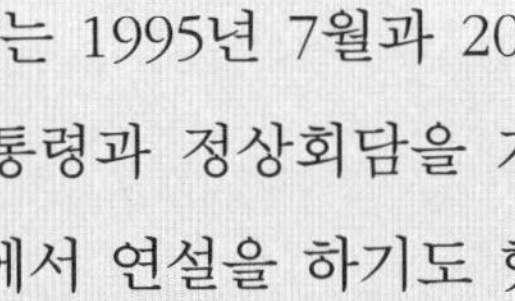
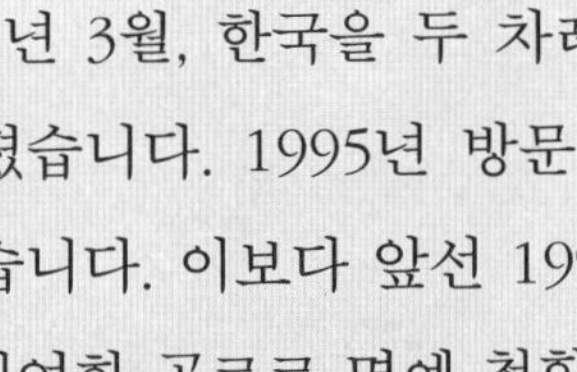
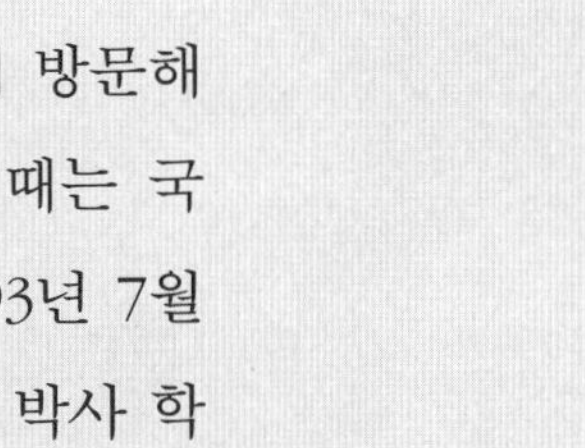

주요 연표

1918년 7월 18일, 음베조에서 태어나다.
롤리흘라흘라라는 이름으로 불리다.

1925년 감리교 선교 학교에 입학하다.
교사에게 넬슨이라는 이름을 받다.

1927년 아버지 헨리 가들라 음파카니스와가 사망하다.
만델라, 욘긴타바 달린디에보의 집으로 들어가다.

1934년 클라크베리 기숙학교에 입학하다.

1937년 포트 보퍼트에 있는 웨슬리교 대학 힐드타운에 입학하다.

1939년 포트헤어 대학교에 입학하다.

1940년 학생회 임원 사퇴 사건으로 포트헤어 대학교를 떠나다.

1941년 저스티스와 함께 요하네스버그로 도망치다.

1944년	ANC에 가입해 청년동맹 결성에 앞장서다. 에블린 메이스와 결혼하다.
1948년	아파르트헤이트 법이 처음으로 도입되다.
1952년	만델라와 올리버 탐보, 남아프리카공화국 최초의 흑인 법률 사무실을 열다. ANC와 SAIC(남아프리카 인도인 회의), 불복종 운동을 시작하다.
1955년	국민회의에서 「자유헌장」을 작성하다.
1956년	만델라 등 155명이 반역죄로 기소되다. 4년 동안 계속되는 법정 소송이 시작되다.
1958년	에블린 메이스와 이혼하다. 위니 마디키젤라와 결혼하다.
1960년	샤프빌 학살이 일어나다. 정부, ANC를 불법화하다.
1961년	반역죄 재판이 끝나고, 만델라 무죄 판결을 받다. ANC 군대 '민족의 창(MK)'이 창설되다.
1962년	만델라, 다른 나라들의 지지와 도움을 얻기 위해 해외로 나가다. 남아프리카공화국으로 돌아온 뒤 다시 체포되다. 불법 출국과 파업 선동 혐의로 5년형을 선고 받다.
1963년	복역한 지 9개월 만에 다시 법정에 서게 될 것이라는 소리를 듣다.

1964년	사보타주 혐의로 월터 시술루, 아메드 카트라다, 레이먼드 음흘라바, 고반 음베키, 데니스 골드버그, 엘리어스 모초알레디, 앤드류 음랑게니와 유죄 판결을 받다. 종신형을 선고 받고 로벤 섬으로 이송되다.
1969년	만델라의 아들, 템베킬레가 자동차 사고로 사망하다.
1980~82년	수천 명이 '만델라를 석방하라'는 청원서에 서명하다.
1982년	만델라, 폴스무어 교도소로 옮겨지다.
1988년	빅터 버스터 교도소로 옮겨지다.
1989년	만델라와 함께 유죄 판결을 받은 사람들 중 시술루, 카트라다, 음흘라바, 모초알레디, 음랑게니 등 다섯 명이 석방되다(골드버그는 1985년, 음베키는 1987년에 풀려났음).
1990년	만델라, 감옥에서 풀려나다.
1993년	드 클레르크와 함께 노벨 평화상을 받다.
1994년	남아프리카공화국 최초의 민주적인 선거에서 생애 최초로 투표하다. 남아프리카공화국 대통령으로 선출되다.
2013년	12월 5일, 95세를 일기로 자택에서 숨을 거두다.

용어 설명

국민회의: 1955년 요하네스 클립타운에서 만나 저마다의 신념을 천명하고 새로운 남아프리카공화국을 요구한 각기 다른 단체의 집합. 여기에는 ANC, COD(민주주의자 회의)를 대표하는 백인, SAIC(남아프리카 인도인 회의)를 대표하는 인도인, SACPO(남아프리카 유색인 조직)을 대표하는 사람들이 포함되었다. 「자유헌장」은 국민회의에서 채택되었다.

동지: 생각과 신념을 함께 나누는 사람들을 가리킬 때 사용하는 말.

드 클레르크: 프레데릭 빌렘 드 클레르크는 1989년부터 1994년까지 남아프리카공화국의 대통령이었다. 1990년 그는 ANC에 대한 활동 금지 조치를 철회하고 만델라를 석방했다. 그의 통치 아래 정부는 마지막 남은 아파르트헤이트 법을 폐지했다. 드 클레르크와 만델라는 1993년 노벨 평화상을 함께 받았다.

부족: 언어와 문화를 공유하는 사람들의 집단. 같은 지역 출신일 때가 많다.

아파르트헤이트(인종 분리 정책): 흑인과 유색인과 인도인을 분류해 백인과 구분하기 위해 1948년 남아프리카공화국에서 도입한 제도. 아파르트헤이트 법률 아래에서는 백인만 투표할 수 있었으며, 흑인들의 삶은 엄격하게 제한되었다. 아파르트헤이트라는 말은 '분리'를 뜻한다.

아프리카민족회의(African National Congress, ANC): 모든 아프리카 사람은 자유롭게 투표해 자신들의 지도자를 선택할 수 있어야 한다고 믿는 사람들이 1912년에 결성한 단체. ANC는 아파르트헤이트를 끝내는 싸움을 이끌었다.

코사 족: 최소한 11세기부터 남아프리카공화국 남동부에서 생활하며 같은 언어를 사용해온 수많은 부족들로 이루어진 종족 집단.

헌장: 한 집단의 생각, 신념, 요구 등을 진술한 문서.

흑인 거주 지역: 남아프리카공화국 도시들에서 흑인들만 생활하던 구역. 백인들은 부유한 교외에서 살았다.

넬슨 롤리흘라흘라 만델라
(Nelson Rolihlahla Mandela)

넬슨 만델라는 1918년 7월 18일에 태어났다. 남아프리카 흑인들의 비참한 현실을 깨달으면서, 1944년 아프리카 민족회의(ANC) 청년동맹을 설립하는 등 흑인 인권 운동에 적극적으로 참여했으며, 1952년에는 올리버 탐보와 함께 남아공 최초의 흑인 변호사 사무실을 열어 흑인들의 희망이 되었다.

아파르트헤이트(인종 분리 정책)에 대항해 싸우던 만델라는 1956년 반역죄로 기소되지만 1961년 무죄로 석방되었다. 1960년 70여 명이 숨지는 '샤프빌 대학살 사건'에 큰 충격을 받은 만델라는 비폭력 노선을 포기하고 폭력 무장투쟁으로 돌아섰으며, 1962년 체포되어 5년형을 선고 받았다. 그리고 수감 중에 다시 기소되어 1964년 6월에는 종신형을 선고 받고 약 27년을 감옥에서 보내야만 했다. 그러나 백인 정부는 흑인들의 굽힘 없는 투쟁과 국제적인 압력에 굴복하여 1990년 2월 만델라를 석방했다. 석방 후에는 대화와 타협을 통해 남아공에 새로운 역사를 만들어 낸 공적으로 1993년 드 클레르크와 함께 노벨 평화상을 받았다.

1994년 4월에는 남아공에서 최초로 흑인이 참여하는 자유 총선거를 통해 남아공 최초의 흑인 대통령으로 당선되었다. 과거 청산을 위해 그가 만든 '진실과 화해 위원회'는 전 세계에 하나의 모델이 되어 용서와 화해의 참뜻을 깊이 새겨 주었다. 2013년 12월 5일, 폐감염증이 악화되어 '자유를 향한 머나먼 길'을 끝내고 자택에서 편안히 숨을 거두었다.

그의 저서로는 『험난한 자유의 길(No Easy Walk to Freedom)』, 『나는 죽을 각오가 되어 있다(I am Prepared to Die)』 등이 있다.

옮긴이 강미경

1964년 제주에서 태어나 이화여자대학교 사범대학 영어교육학과를 졸업하고, 전문 번역가로 활동하고 있다. 옮긴 책으로 『프로파간다』, 『작가 수업』, 『나침반, 항해와 탐험의 역사』, 『도서관, 그 소란스러운 역사』, 『유혹의 기술』, 『지킬 박사와 하이드 씨』, 『톰 소여의 모험』, 『아메리카를 누가 처음 발견했을까?』, 『마르코 폴로의 모험』, 『똥 누고 물 내리지 마세요!』 등이 있다.

넬슨 만델라: 자유를 향한 머나먼 길

1판 1쇄 발행 2013년 8월 19일
1판 4쇄 발행 2016년 8월 10일

지은이 넬슨 만델라
글쓴이(축약) 크리스 반 위크 | 그린이 패디 보머
옮긴이 강미경 | 펴낸이 조추차 | 펴낸곳 두레아이들
등록 2002년 4월 26일(제10-2365호) | 주소 서울시 마포구 마포대로 14가길 4-11 (04207)
전화 02-702-2119, 02-703-8781 | 팩스 02-715-9420
이메일 dourei@chol.com | 블로그 blog.naver.com/dourei

ISBN 978-89-91550-45-2 73840

가격은 뒤표지에 적혀 있습니다. 잘못 만들어진 책은 구입하신 곳에서 바꾸어 드립니다.
두레아이들은 도서출판 두레의 어린이책 출판사입니다.

이 도서의 국립중앙도서관 출판시도서목록(CIP)은 서지정보유통지원시스템 홈페이지(http://seoji.nl.go.kr)와 국가자료공동목록시스템(http://www.nl.go.kr/kolisnet)에서 이용하실 수 있습니다.(CIP제어번호: CIP2013013024)

두레와 두레아이들이 만든 좋은 책들

두레아이들 그림책 시리즈

나무를 심은 사람
장 지오노 글 | 프레데릭 백 그림 | 햇살과나무꾼 옮김

초등학교 5학년 교과서 수록작품
한우리독서운동본부 권장도서, 어린이도서연구회 권장도서,
사단법인 환경과생명 선정 우수환경도서, 열린어린이 권장도서,
한국간행물윤리위원회 청소년 권장도서

위대한 강
프레데릭 백 글 · 그림 | 햇살과나무꾼 옮김

한국간행물윤리위원회 청소년 권장도서

사람은 무엇으로 사는가
레프 N. 톨스토이 글 | 최숙희 그림 | 김은정 옮김

주니버(네이버) 오늘의 책,
한국간행물윤리위원회 '이달의 읽을 만한 책'

사랑이 있는 곳에 신이 있다
레프 N. 톨스토이 글 | 최수연 그림 | 김은정 옮김

별
알퐁스 도데 글 | 윤종태 그림 | 김영신 옮김

큰 바위 얼굴
너새니얼 호손 글 | 김근희 그림 | 이현주 옮김

어느 작은 사건
루쉰 글 | 이담 그림 | 전형준 옮김

고학년을 위한 책

두레아이들 교양서 ①
과학자와 어린이가 함께 파헤치는
지구 온난화
린 체리 · 게리 브라시 지음 | 이충호 옮김

열린어린이 권장도서, 어린이문화진흥회 '좋은 어린이 책'

두레아이들 교양서 ⑤
물고기가 사라진 세상
마크 쿨란스키 지음 | 프랭크 스톡턴 그림 | 이충호 옮김

오픈키드 '이달의 책', 열린어린이 권장도서

두레아이들 고전읽기 1
혜초의 대여행기 왕오천축국전
강윤봉 지음 | 정수일 감수

한국문명교류연구소 어린이 교양총서 01
오픈키드 '이달의 책'

아메리카를 누가 처음 발견했을까?
러셀 프리드먼 지음 | 강미경 옮김

행복한 아침독서 추천도서, 열린어린이 권장도서,
어린이문화진흥회 '좋은 어린이 책'

숲이 어디로 갔지?
베른트 M. 베이어 지음 | 유혜자 옮김

〈중앙일보〉 우수추천도서

제인 구달의 내가 사랑한 침팬지
제인 구달 지음 | 햇살과나무꾼 옮김

열린어린이 권장도서

레이첼 카슨
진저 워즈워스 지음 | 황의방 옮김

헨리 데이비드 소로
엘리자베스 링 지음 | 강미경 옮김

행복한 아침독서 추천도서

행복한 바보들이 사는 마을, 켈름
아이작 B. 싱어 지음 | 황명걸 옮김

네이버 '오늘의 책', 대한출판문화협회 추천도서,
한국간행물윤리위원회 추천도서

팝업북
나무를 심은 사람
장 지오노 지음 | 조엘 졸리베 그림 | 신대범 옮김
환경부 선정 우수환경도서

괴짜 과학자 클럽
괴짜 과학자 클럽의 새로운 모험
버트런드 R. 브린리 지음 | 강미경 옮김
어린이문화진흥회 '좋은 어린이 책'

악동일기
빅토리아 빅터 지음 | 전영애 옮김

작은 인디언의 숲
어니스트 톰슨 시튼 글 · 그림 | 햇살과나무꾼 옮김

중학년을 위한 책

바다로 돌아간 제돌이
핫핑크돌핀스 지음 | 박주애 그림
오픈키드 추천도서

두레아이들 생태읽기 ①
중국을 구한 참새 소녀
사라 페니패커 글 | 요코 타나카 그림 | 신여명 옮김
환경부 선정 우수환경도서

두레아이들 생태읽기 ④
아기 수달의 머나먼 여행
크리스티앙 부샤르디 글 | 브누아 샤를 그림 | 김주열 옮김
아이북랜드 추천도서

두레아이들 생태읽기 ⑤
동물들은 왜 화가 났을까?
생명은 거미줄이에요
크리스티앙 부샤르디 글 | 피에르 에자르 그림 | 김주열 옮김
평화박물관건립추진위원회 선정 '어린이 평화책'

두레아이들 교양서 ②
재미있는 돈의 역사
벳시 마에스트로 글 | 줄리오 마에스트로 그림 | 이문희 옮김
오픈키드 '이달의 책'

두레아이들 교양서 ③
신기한 곤충들의 나라
클로드 뉘리자니, 마리 페레누 글 · 그림 |
햇살과나무꾼 옮김 | 김정환 감수
〈조선일보〉 여름방학 추천도서

두레아이들 교양서 ④
인디언의 선물
마리-루이스 피츠패트릭 글 · 그림 |
게리 화이트디어 감수 | 황의방 옮김
열린어린이 권장도서, 아이북랜드 추천도서,
스미스소니언협회 '주목할 만한 아동도서'
중학교 국어 교과서(1-1) 수록 작품

마르코 폴로의 모험
러셀 프리드먼 글 | 배그램 이바툴린 그림 | 강미경 옮김
한국간행물윤리위원회 청소년 권장도서, 열린어린이 권장도서
어린이문화진흥회 '좋은 어린이 책'

아빠의 만세발가락
리타 페르스휘르 지음 | 유혜자 옮김
월간 「북새통」 선정 우수도서,
네덜란드 최고 문학상 '황금부엉이 상' 수상

바보들의 나라, 켈름
아이작 B. 싱어 지음 | 유리 슐레비츠 그림 | 강미경 옮김
어린이문화진흥회 '좋은 어린이 책'

노래하는 나무
: 자연에 관한 세 가지 이야기
베르나르 클라벨 글 | 크리스티안 하인리히 그림 | 전채린 옮김

오소리아 힘내!
제라르 니꼴라 지음 | 이윤옥 옮김

"너무도 오래 끈 터무니없는 인재(人災)의 경험을 통해 인류 전체가 자랑스럽게 여길 수 있는 사회가 탄생할 것입니다."